KARL KÖNIG

Auch eine Weihnachtsgeschichte

KARL KÖNIG

Auch eine Weihnachtsgeschichte

VERLAG FREIES GEISTESLEBEN

Über den Autor:

Karl König (1902 – 1966) studierte Medizin in Wien und war als Begründer der Camphill-Bewegung entscheidend an der Entwicklung der von Rudolf Steiner ausgehenden medizinischen und heilpädagogischen Bewegung beteiligt. Im Verlag Freies Geistesleben erscheinen seine Werke in einer Neu-Edition.

ISBN 3-7725-1764-1

1. Auflage 1998
Verlag Freies Geistesleben
Landhausstraße 82, 70190 Stuttgart
Internet: www.geistesleben.com

Eine erste Ausgabe erschien 1962 als Privatdruck
in dem Band *Der Wanderer ins Morgenrot.*
Titel der englischen Ausgabe: *A Christmas Story*

Schutzumschlag: Walter Schneider unter Verwendung
eines Bildes von Ninetta Sombart.
Druck: Offizin Chr. Scheufele, Stuttgart

Inhalt

Auch eine Weihnachtsgeschichte

Es war vor Weihnachten, am Morgen des vierundzwanzigsten Dezembers, des Tages, der seit langen Zeiten als Adam-und-Eva-Tag bezeichnet wird. Da machte ich mich auf, um noch eine Weile, eine kleine Weile, draußen auf den kahlen Feldern und auf den kalten, bewaldeten Hügeln so für mich allein zu sein.

Bald, dachte ich, bald nachher wird der große Strom des Tages wieder auf dich niederstürzen; die vielen Kinder und die Großen; die Besucher, die Mahlzeiten, die kurze Spanne der Vorbereitung, und deshalb, so meinte ich, sei noch eine Weile allein mit dir und mit dem Stück der Mutter Erde, das dir zum Leben gegeben für die wenigen Jahre deines Daseins.

So nahm ich meinen Mantel und mein Halstuch, setzte meine Mütze auf und machte mich bereit. Die Kinder lärmten noch in der Halle und in den Gängen des Hauses und sahen mich kaum, als ich durch ihre Spiele und ihre Unruhe hindurchging. Dann schloß ich die Türe auf.

Die Bäume im Park waren kahl und die Sträucher arm und dunkel. Ein leiser, stoßartiger Wind huschte durch die Luft; es klang wie ein Keuchen und Stöhnen, und der Tag war grau. Die Wolken lagen tief, und ein gleichmäßiges, weißliches Licht durchflutete die Welt. Ja, es war Winter. Noch lag kein Schnee auf den Wiesen; nur die Tümpel vom letzten Regen waren leicht überfroren. Die Erde war hart, und jeder Schritt klang leicht metallen, als wollte der Boden den Fuß, der ihn berührte, zurückstoßen.

In das weiße Licht hinein starrten die Äste und Zweige der vielen Bäume. Ihre Figuren waren verschieden, den Buchen entsprechend und den Linden, den Birken wie auch den Eschen. Jeder Baum hatte seine eigene Astgestalt und Zweiganordnung; sie erschienen mir gleich verschiedenen Melodien, die, nachdem ein Mund oder ein Instrument sie gesungen hat, erstarrt wären und dadurch erhalten blieben. So muteten diese Gestalten mich an.

Die zur Form gewordenen Melodien umgaben mich, als ich weiter schritt, und die Sträucher erschienen wie die Begleitfiguren der Melodien: Quinten und Oktaven, Quarten und aufgelöste Sexten, so daß der Gesang der Bäume wie untermalt war von ihren Akkorden. Darunter aber klang mein Schritt auf der harten Erde, und mit jedem einzelnen Takt, den mein Fuß schlug, kam ich ein Stück voran.

Als ich den Park verlassen hatte, war ich auf freiem Feld. Braun lag die Ackererde in langen, harten Furchen aufgebrochen; es war, als seufzte sie nach Schnee, daß er sie mild bedecken möge, um zuzuschließen, was brach und offen lag. Dunkle Krähen tanzten auf und nieder. Ein Rabe schrie, hier und da war das weiße Gefieder einer Möwe zu sehen, die laut krächzte.

Ach, alles hier draußen war nackt und bloß, wie einstmals Adam und Eva, als sie, verstoßen aus dem Paradies, sich ihrer Blöße und Nacktheit bewußt wurden. Kein Wort wurde da gesagt, kein Name genannt, keine Regung des Herzens ausgesprochen.

Auf einem Felde zur rechten Seite meines Weges war eine Herde Schafe. Ihre schwarzen Mäuler waren dunkle Punkte im weißlichgelben Schein ihres Vlieses, und still und ruhig suchten sie nach etwas blassem Gras oder kauten Rüben, die für sie ausgestreut lagen. Es war nicht Weide mehr, sondern ein kummervolles, armes Stück Erde, gestoßen und getreten von den kleinen, zierlichen Hufen der vielen Tiere.

Leicht stieg der Weg bergan, nach links sich wendend, an einem Gehöft vorbei, und hinter dem Hof standen zwei Kühe und blickten auf, als ich vorbeischritt. Wie farbig war das Braun ihrer Leiber! Das Dunkel ihrer Augen erschien mir nah und gütig und so, als hätte sich nur hier, in diesen Tieren, in ihrer braunen Farbe und in ihren Augen der Glaube erhalten, daß Adam und Eva einst wieder ins Paradies zurückkehren würden. Denn trotzdem es kalt war, dampften leicht die Leiber der Kühe, ein letztes Stück Leben und Wärme in einer erstarrten Welt bewahrend.

Als ich weiter nach aufwärts stieg, war der Weg nicht mehr von Feldern begleitet; statt Gras wuchs jetzt Heidekraut aus der Erde, mit harten, dunklen Stämmchen und grünen Zweigen, mit vielen abgeblühten, braunen, trockenen Blümchen daran. Was vorher auf den Wiesen noch wie ein alter, aber gut geschorener Schädel aussah, wurde jetzt ein mit wilden, aber toten Locken und Wirrwarr umsponnenes Haupt.

Da aber war auch schon der Wald, am Rande der vom Heidekraut überwachsenen Fläche. Dicht standen die Bäume, die Ränder umsäumend, und ich dachte, daß ich meinen Fuß noch dorthin lenken sollte, denn dann wäre ich aus der Niederung heraus und könnte ein wenig Ausschau halten in die Weite des Landes: hinunter auf den Fluß, der jetzt wohl schon langsam und still dahinfließen würde; auf die kleinen Inseln innerhalb des Flusses mit ihrem spärlichen Baumbestand, auf die Felder und Wiesen, die den Fluß umsäumten, und wenn die Wolken nicht zu dicht ständen, dann könnte ich vielleicht auch noch das Meer sehen und einige der Klippen, die hier an seinem Ufer so zahlreich sind.

So mich besinnend, folgte ich dem Pfad, der vom Wege abbog und zum Wald hinführte. Das dürre Heidekraut bestrich meine

Beine, und der Wind erhob sich in steigender Stärke und Kälte. Er peitschte manchmal stoßweise in mein Gesicht, und ich mußte meine Mütze festhalten, damit sie mir nicht vom Kopfe gerissen würde. Der Atem wurde mir schwer, weil der Wind so dagegen stieß, und ich mußte sehr an mich halten, um mutig dem Wald entgegenzugehen.

Sobald ich aber die ersten Bäume erreicht hatte, legte sich der allzu starke Sturm; ich konnte die Luft leichter einziehen, und alles wurde sanfter und stiller. Dann trat ich in den Wald ein.

Da hüpfte auch ein Sperling vor meinen Füßen, und ein kleiner Hase rannte an mir vorbei, überschlug sich im Laufen und eilte weiter. So überschlug sich auch plötzlich mein Herz in seinem Schlag, hielt inne und eilte dann weiter in seinem Klopfen. Der Sperling flatterte, erhob sich in die Luft, und als meine Augen ihm folgten, traf ich mit meinem Blick eine Gruppe von Menschen, die, nicht sehr weitab von mir, zur linken Hand aus dem Heidekraut kommend, in den Wald eintrat. Ich erschrak beim Anblick der Leute, hatte ich doch nicht vermutet, Menschen auf diesem einsamen Weg zu begegnen. Was suchten sie hier im Walde? Es war ja noch zeitig am Vormittag, und alle waren an ihrer Arbeit in der Niederung. Sollten es Holzfäller oder Schafhirten sein, die da herankamen?

Als ich näher hinsah, merkte ich, daß es eine Gruppe Frauen und nicht Männer waren. Sie trugen graue, weite Kleider, und auf dem Kopfe hatten sie eine Art von Schleier, wie Krankenschwestern oder Nonnen ihn tragen. Soweit ich ihre Gesichter ausnehmen konnte, waren sie weder alt noch jung; aber ebenmäßig und schön sahen sie alle aus. In der Mitte der Gruppe gingen sie dicht zusammen und fünf von ihnen hielten die Arme und Hände unter einer Last, die sie zu tragen schienen.

Ich wagte nicht näher zu treten, wunderte mich aber, was diese Frauen wohl in den Wald hineintrügen. War es ein Sarg oder eine Wiege? War es ein Korb mit trockenem Holz oder eine Bahre mit einem kranken Tier? Und eh' ich es mich versah, waren die Frauen im Walde verschwunden. Ich konnte nur ihren leisen Schritt noch hören und das zarte Rauschen ihrer Gewänder durch den Wind.

Wieder stockte mein Herz und überschlug sich, wie vorhin, als der Hase über den Weg gelaufen war. Ein Windstoß stieß tief in die Bäume, umschlang einen breiten Ast, knickte ihn und warf ihn vor meine Füße. Der Sperling flatterte auf und setzte sich auf den abgeschlagenen Ast; mein Herz schlug schneller, und ich fühlte, wie ein Bündel Angst in meinem Seelen-Innern aufstieg. Hatte ich etwas versäumt, daß ich die Frauen nicht frug, wer sie seien und wohin sie ziehen? Man kann doch nicht neugierig sein und fremde Frauen nach ihren Wegen fragen.

Doch packte mich eine Unruhe, und Schweiß stand auf meiner Stirn, so daß ich die Mütze abnahm, weil sie so drückte. Ich machte auch meinen Mantel auf, weil ich merkte, daß es plötzlich sehr warm geworden war. Hatte sich der Wind gedreht ? War ein Wetterumschlag erfolgt? Ich lugte in den Wald hinein und sah nichts Besonderes. Aber ein leises Tönen vernahm ich, zart und bescheiden und gerade noch hörbar. Ich wollte dem Tönen entgegengehen, hatte aber den Ast vor meinen Füßen vergessen; ich stolperte und wäre fast hingeschlagen, hätte meine rechte Hand nicht noch beizeiten einen kleinen, aufrechten Birkenbaum ergriffen und an ihm sich festgehalten. Als ich wieder bei Atem war, lauschte ich mit verschärftem Sinn in den Wald hinein, und wieder hörte ich das ferne Klingen, und jetzt merkte ich, daß es so tönte, wie der Frühling riecht, und so klang, wie das grüne Gras, wenn es zu wachsen beginnt.

Im gleichen Augenblick, da ich das wußte, kam der Zug der Frauen, den ich vorhin schon gesehen hatte, ganz nahe an mir vorbei. Kaum einige Stämme von Bäumen waren zwischen mir und ihnen. Und jetzt erkannte ich auch, was es war, das die fünf Frauen in der Mitte des Zuges als Last auf ihren zehn Händen trugen. Niemals vorher war ich diesen Frauen begegnet. Es waren zusammen zehn; fünf, die die Last trugen und fünf, die um sie herum waren. Jetzt sah ich auch, daß ihre Gewänder nicht nur grau waren; das allgemeine Grau hatte je eine leichte, farbige Tönung; bläulich, rötlich, gelblich, grünlich, weißlich, jedes in sich verschieden – und dennoch war alles in Grau. Die Last aber, die sie trugen, war nicht ein Sarg, auch war es keine Wiege. Es war nicht ein Korb mit dürrem Holz und keine Bahre mit einem verwundeten Tier darauf, es waren vielmehr zwei starke, breite Balken aus Holz, die in der Form des Kreuzes zusammengefügt waren, und auf dem Kreuz lag ausgestreckt der Leib eines kleinen Kindes. Die Augen des Kindes waren geschlossen, es atmete nicht; und dennoch schien es nicht gestorben zu sein. Eher schienen die Frauen tot, obwohl sie sich bewegten, gingen und trugen. Eine Frau hielt das Kopfende des Kreuzes, zwei das Fußende und je eine die beiden Enden des Querbalkens.

Was ist es, dachte ich, was ist es, daß mir dies begegnen muß? Bin ich plötzlich ins Erdinnere versetzt worden und sind das die zehn Jungfrauen, die fünf weisen und die fünf törichten? Wo aber sind ihre Lampen?

Als ich das dachte, stand plötzlich ein Hahn an meiner Seite, schön und fast protzig gefärbt, und krähte in den Wald hinein. Es war, als löschte sein Krähen alles um ihn herum aus; denn die Frauen mit ihrer Last waren verschwunden, als hätte die Tiefe des Waldes sie plötzlich verschluckt. Der Sperling war weggeflattert, und den Hasen konnte ich nicht mehr sehen. Die Wärme aber, die sich erhoben hatte, war so stark geworden, daß ich meinen Mantel, der ja schon aufgeknöpft war, ausziehen mußte. Und wie ich dabei so unwillkürlich auf den Waldboden hernieder schaute, sah ich, daß er mit einem grünlichen Flaum überzogen war. Kleine Gräser sproßten allüberall aus der Erde; Farnkraut und zarter Sauerklee. Auch standen weiße Anemonen, gerade entfaltet, um die Stämme der Bäume, und als ich meinen Blick erhob, sah ich grüne Blättchen an den Sträuchern, und die Zweige der Bäume begannen auszuschlagen. Die Vögel auch, die mir bisher unwahrnehmbar waren, hatten zu singen begonnen. So erstaunlich war das alles, daß mein Herz gar nicht wagte zu jubeln, obwohl es doch durchdrungen war von einem großen Glück. Es war das Zaudern, das schwache Menschen immer dann empfinden, wenn sie glauben, sie dürften sich nicht freuen, da sie wissen, wie schnell die Freude wieder vorübergeht.

Ich schritt nun in den Wald hinein und empfand es als selbstverständlich, daß überall der Frühling war und ich meinen

Mantel über dem Arm trug und meine Mütze in der Hand. Lind war die Luft, und ein Lied fiel mir ein, das ich sang:

Oh glaube, mein Herz,
Oh glaube!
Es geht dir nichts verloren.
Dein ist, ja dein,
Was du erlebt,
Was du erlitten.

Und die Zweige des Waldes und die Blätter und die Sträucher rauschten, und wie im Chor antworteten sie mir entgegen und sangen:

Aufersteh'n,
Ja aufersteh'n
Wirst du, mein Herz,
Nach kurzer Ruh.

So schritt ich hin, singend und besungen, und ich trug mein Herz in meiner Brust, als wäre es das köstlichste Gut auf Erden; und das war es auch. Denn der Glaube lebt in diesem Herzen wie das Lied, das aus des Vogels Dasein hinaus in alle Weiten dringt.

So war ich auch gar nicht verwundert, als ich plötzlich einen Lichtschein sah, der das helle Dämmerleuchten des Waldes durchdrang, und innerhalb des Lichtscheines eine Gestalt mit klarem Antlitz wahrnahm, die mir entgegenkam. Es war ein Jüngling, und mir war, als kannte ich ihn. Doch es mußte lange her sein, daß ich ihm begegnet war. Als er mich auf sich zukommen sah, breitete er seine Arme aus und sagte: «Wie schön, daß du uns besuchen kommst, wir haben schon lange auf dich gewartet und gewußt, daß du einmal hereinschauen wirst.»

Dabei leuchteten seine Augen, und ich konnte erkennen, daß er wirklich meinte, was er sagte. Ich grüßte den Jüngling, streckte ihm meine Hand entgegen, er aber nahm sie nicht, und ich sah, daß dabei ein leiser Zug von Trauer um seinen Mund und seine Augen kam. «Etwas später vielleicht», sagte er, «wenn du mich erkannt hast, kann ich dir meine Hand zum Gruße reichen.» Trotzdem fühlte ich mich von seinem Lichtschein umgeben und merkte, daß er nicht böse war, obwohl ich, wie so oft, unbedacht und vorschnell gehandelt hatte.

«Wo bist du zu Hause?» fragte ich. Er sagte, daß er hier im Walde mit den andern, die mich schon lange erwartet haben, wohne und daß ich ihm nur folgen müsse, um bald dort zu sein.

Er ging an meiner Seite, still und lächelnd auf mich herunterblickend, denn er war ja wie die meisten Menschen, die ich kannte, größer als ich. Als wir so dahinschritten, spürte ich ein Ziehen in meinem Herzen, und ich mußte denken, daß es wohl schon spät am Vormittag sei und unten im Haus würden sie auf mich warten. Ich hatte versprochen, sobald ich zurück sein würde, den Christbaum zu schmücken und noch die letzten Kerzen anzustecken.

«Ja, es ist Adam-und-Eva-Tag», sagte der Jüngling leise, und ich wußte, daß er meine Gedanken wahrgenommen hatte. Und wie er das so sagte, erklang in meinem Herzen eine Saite, die seit langem stumm gewesen war, und ich hörte einen Ton, der klang wie «Harald». Da sah ich in die Augen des Jünglings und erkannte ihn, und er lächelte leise und legte seinen Arm um meine Schulter.

«So bin ich im Totenland», dachte ich; denn Harald war ein junger Lehrer, der im vergangenen Sommer zu uns gekommen und bald darauf, nach einer kurzen Krankheit, gestorben war.

«Es ist nicht das Totenland», sagte Harald (wiederum wissend, was ich dachte), «es ist das Land der Wahrheit und des Lebens, in das der Weg die Menschen führt.» Und wie er das sagte, merkte ich, daß der Wald um mich ganz sommerlich war. Die Sonne schien durch die Blätter der Zweige, und grünes, dichtes Moos bedeckte den Boden; viele Mücken summten, und steil stand eine Libelle in der hellen Luft über dem Auge eines kleinen Weihers.

Neben dem Weiher aber lag ein kleines Häuschen, aus rohen Brettern gezimmert, und vor dem Häuschen war eine Wiese, da wuchsen Kornraden und Waldmeister und weißer Kümmel und leuchtend gelbe Calendula. Auf der Wiese lag ein kleines, kaum zweijähriges Mädchen in einem weißen Kleid und sonnte sich fröhlich. In der Tür der Hütte aber stand ein Junge, der hatte einen Strauß von Waldzyklamen in der Hand und lächelte mir entgegen, als er mich kommen sah.

«Wir bereiten den Bund», rief er mir zu.

Welchen Bund, dachte ich, was meint er?

Er kam und gab mir die Zyklamen; ach, wie sie dufteten! So viele Jahre hatte ich keine mehr gerochen. Wachsen die auch hier im fernen Schottland? Der Junge hob den Arm, wie um mir anzudeuten, wo ich sei. Da sah ich zu meinen Füßen einen stillen blauen See, von ragenden Bergen umstellt; und der Weiher, an dem das Häuschen stand, breitete sich auf einem waldigen Vorsprung der Berge aus, die den See umgaben.

«Rate, wo du bist», sagte der Junge. «Im Lande der Wahrheit und des Lebens», sagte ich. «Das schon», meinte der Junge, «aber dieses Land hat viele Landschaften.» Und nun sah ich, daß es Morgen war und daß die Sonne im Osten stand und der Mond im Westen, und der Himmel darüber war strahlend blau, und zwischen den Felsen, am anderen Ufer des Sees in der Tiefe, leuchtete der hohe Gipfel eines schneebedeckten Berges.

«Ist Österreich gestorben?» fragte ich.

«Es starb», sagte der Jüngling Harald, «damit es im Lande der Wahrheit wieder leben kann.»

Bei diesen Worten sprang das kleine Mädchen, das im Grase lag, auf und lief auf mich zu. «Kennst du mich auch, ich heiße Marie», rief es. «Maria Isabella», sagte ich; «ach, es ist schön, daß ich dich so gesund und fröhlich finde; und laufen hast du auch gelernt, das konntest du noch nicht, als ich dich zum letztenmal gesehen habe. Da lagst du klein und bleich in einem weißen Holzkasten und wir alle dachten, du wärest gestorben.»

«Das denken die Menschen immer, aber weißt du, hier ist es anders. Was manche von euch manchmal denken, hier ist es Wahrheit im Lande des Lebens.»

Plötzlich hörte ich über mir Gesang, und als ich aufschaute, sah ich in den Ästen einer hohen Fichte ein Mädchen sitzen. Als es mich sah, hörte es zu singen auf und schwang sich, schnell wie ein Eichhörnchen, von Ast zu Ast nach unten, und wenige Augenblicke nachher stand es vor mir mit roten Backen und leuchtenden Augen. «Christine», rief ich aus, «du kannst singen und klettern?»

«Warum glaubst du es nicht», sagte sie schnell. «Denkst du, wir sind gelähmt, wenn wir unsere Glieder nicht bewegen können? Oder stumm, wenn wir nicht sprechen, und taub, wenn wir nicht hören?»

«Ich will es nie wieder glauben», sagte ich.

«Warum warst du so traurig, als ich im vorigen Herbst starb? Dein Herz war damals so voller Angst, daß ich dadurch sehr große Mühe hatte, das Licht zu schauen.»

Ich ließ meinen Kopf sinken und erinnerte mich meiner Schwäche und Verzagtheit.

Hinter dem Haus, wo ein Schuppen angebaut war, erschien ein anderes Kind. Es war ein kräftiger Junge mit blonden Haaren, fröhlich anzusehen, offen und aufgeschlossen. Er hatte eine Axt in der Hand, und als er mich sah, kam er auf mich zu und sagte: «Ich haue jetzt Bäume um und schlage die Äste ab, weil die Hütte für uns zu klein wird und wir eine größere bauen müssen.»

«Kannst du denn schon Hütten bauen, Wayland?» fragte ich. «Erinnerst du dich, früher hast du nur Schlösser aus Sand gemacht?»

«Ja», sagte er, «aber das war auch schön, denn in jedem dieser vielen Schlösser aus

Sand wohnte einer meiner Gedanken, die damals immer wieder aus meinem Kopf herausgedrückt wurden. Mein Haupt war so voller Gedanken, daß ich ihnen immer andre Häuser bauen mußte; dahinein zogen sie dann und waren's zufrieden.»

«Und jetzt», sagte ich, «kannst du Hütten aus Holz bauen, um mit deinen Freunden darin zu wohnen?»

«Ach», sprach er, «wo das Holz nicht wiegt und der Leib nicht schwer ist, wo die Sonne vom Abend bis zum Morgen durch die Erde hindurchscheint und die Sterne am Tage vom Himmel leuchten, da lebt es sich gut. Wir bereiten den Bund.»

Jetzt sagte Wayland das gleiche Wort, das der größere Junge bei der Begrüßung, als er unter der Tür der Hütte stand, auch gesagt hatte. Was meinten sie, wenn sie sagen: Wir bereiten den Bund?

Ein kleines Mädchen kam aus dem Hause, kräftig und stark anzusehen. Sie hatte große, braune Augen und ein zartes Gesicht.

«Ach Sheila», sagte ich, «was tust du im Häuschen; hast du für die anderen gekocht?»

Sie sah mich erstaunt an und sprach: «Du,

ich bin froh, daß du da bist, aber weißt du nicht, daß man hier nicht kochen muß? Wo es so schön und friedlich ist, da brauchst du nicht zu essen. Weißt du noch, wie die Speise unten in der Niederung mir den Magen durchstoßen hat, und dann starb ich so allein, weil ich nicht sagen konnte, was mir geschehen war. Ich ahnte es, aber ich war trotzdem froh, denn endlich war der Tag gekommen, auf den ich schon lange gewartet hatte.»

«Wolltest du immer schon sterben?» fragte ich sie. «Seit meiner Geburt.»

Da trat der große Junge vor, der mir den Strauß mit den Waldzyklamen gegeben hatte, und sagte: «Auch ich wollte immer schon sterben; wenn ich mit Leila im Garten saß und wir zusammen sprachen, dann war es der Tod und das Sterben, was uns beschäftigte. Und an dem Tag, da ich zum ersten Mal ganz ohne Mühe laufen konnte, da wußte ich, daß es mein Ende sei. Als wir dann über den schmalen Pfad an den Klippen entlang gingen, kam plötzlich eine mächtige Finsternis über mich; wie ein großer dunkler Vogel mit weit ausgebreiteten Schwingen umgab sie mich, und als ich von der erschreckenden

Bestürzung mich besonnen hatte, lag ich unten – am Fuß der Klippen – hart am Rande des Meeres. Es war wunderbar, die Wellen rauschen zu hören und zu wissen: sie singen dich in den Tod.»

«Ja, Carrick», sagte ich, «aber weißt du auch, wie dein Vater und deine Mutter gelitten haben und wir alle, deine Lehrer, weil die Welt uns die Schuld an deinem Tod gab?»

«Ich wußte es nicht, aber ich spürte, daß ich nicht richtig ins Land der Wahrheit geführt wurde. Auch du hast versagt, und ich hatte soviel Vertrauen zu dir.»

«Ja, Carrick, ich habe versagt», sprach ich, «ich war voll Angst, und die Sorge um unsere Arbeit preßte mein Herz zusammen.»

«Das ist es, was ich spürte», sagte Carrick, «und deshalb bereiten wir den Bund.» Wie er so sprach, liefen plötzlich alle Kinder zu Harald, deuteten mit den Händen in den Wald und riefen fröhlich: «Sie kommen, sie kommen!» Und dann kamen auch wirklich die zehn Frauen mit ihrer Last heran. Doch wie verändert waren sie! Ihre Gewänder erstrahlten in leuchtenden Farben, und je näher sie kamen, desto schwebender wurde ihr Schritt. Das Holzkreuz leuchtete, als erstrahlte es von innen, und das Kind darauf hatte die Augen geöffnet und lächelte den andern Kindern entgegen. Der Zug langte bald auf dem blumenbedeckten Anger an, und die Frauen hoben das Kind vom Kreuz herunter und setzten es in das Gras.

Das Kreuz aber fuhr in die Höhe und wurde zu Wolken, die leicht und leise sich im Blau zerteilten.

Ich blickte staunend nach oben und dann hinunter ins Gras, wo das Kind schon auf seinen Füßen stand und etwas hilflos, aber dennoch gehen konnte. «Bobby», rief ich, «jetzt kannst du schon laufen?»

«Ja, warum denn nicht?» sagte er still und ruhig.

«Ach Bobby, mir war es so schrecklich, als ich hörte, daß du gestorben bist; ich dachte immer, daß du leben bleibst und laufen lernen wirst und dann war es plötzlich aus.»

«Jetzt kann ich doch laufen», sagte er, «und weißt du, es ist doch besser, daß es so schnell gegangen ist. Jetzt kann ich auch helfen, den Bund zu bilden.»

«Ja», riefen die Kinder, «laßt uns den Bund bilden!»

Christine kam und nahm Bobby bei der Hand und führte ihn zum Häuschen, und als sie unter der Türe stand, nickte sie mir zu und bedeutete mir, daß ich auch eintreten sollte.

Jetzt erinnerte ich mich auch der zehn Frauen, die doch noch hier sein mußten. Ich wandte mich um, aber keine von ihnen war zu sehen. Waren sie wieder verschwunden?

Harald trat an mich heran und sagte: «Sie sind unsere farbigen Fenster in die Welt.»

Da sah ich Licht in vielen Tönen über dem Anger, dem Weiher und dem Häuschen spielen und war zufrieden mit der Antwort.

Christine und Bobby aber waren schon in die Hütte gegangen, und ich beeilte mich, ihnen zu folgen.

Drinnen war ein einziger Raum. An der längeren Wand, aus Brettern roh gefügt, hing ein Bild, und darunter, etwas zur Seite, stand ein großer Stuhl, und darinnen saß ein Mensch. Da es innerhalb der Hütte dunkler war als draußen, mußte ich meine Augen erst ein wenig dem Dämmerlicht angleichen. Dann aber erkannte ich den, der im Stuhl saß. Er nickte mir fröhlich zu und sagte: «Bald bin ich fertig, dann folge ich dem Kreuz, das zu den Lichtes-Wolken wird.»

«Ja, Sandy», sagte ich, «du hast es schon ein paar Jahre hier durchgehalten.»

«Ich bin der Kern des Bundes und habe lange gewartet.»

Nun sah ich auch das Bild an der Wand etwas genauer an. Christine, mit Bobby an der Hand, stand darunter. Sie war eifrig bemüht, dem Neuankömmling alles zu zeigen, und deutete mit ihrem Finger auf das Bild: «Das ist der Kaspar», sagte sie. «Der Kaspar im Hause?» fragte Bobby.

«Ja, der Kaspar Hauser», antwortete Christine.

Und jetzt sah ich auch hin auf das Bild und erkannte es. Es war ein junger Mensch in armen Kleidern mit bloßen, blutenden Füßen, und er hielt einen großen Hut in der Hand, so als wollte er alle Menschen grüßen und sich vor ihnen verneigen.

«Warum ist Kaspar Hausers Bild hier?», dachte ich.

Sandy blickte auf mich und sagte: «Weißt du es nicht?» Ich meinte, daß ich es mir schon denken könnte oder daß ich es zum mindesten ahnte, aber so ganz sicher war ich halt nicht.

Da sagte Sandy: «Als ich zum erstenmal hierher kam, baute ich diese Hütte. Du weißt, es ist schon viele Jahre her, und ich wußte zuerst nicht, warum ich es tat. Ich hatte solch einen Drang in meinem Herzen und sammelte Äste und Bretter, und von überall her kam mir Hilfe. Dann war es gut, als die Hütte gebaut war; mein Herz wurde friedlich, und ich liebte es, in der Hütte zu sitzen und zu warten. Ich wußte nicht worauf. Die Sonne ging und kam, und immer war es schön und friedlich hier oben; nur manchmal war ich allein. Ich zog die Blumen vor der Hütte und sah oft hinunter auf den blauen See, und einige Male kam auch meine Mutter mich besuchen; sie sagte, ich solle zu ihr kommen, dort wo sie und viele unserer Verwandten in einer andern Hütte wohnten, aber ich konnte nicht. Denn wenn ich nur leise dachte, ich sollte zu ihr gehen, drang Sehnen und Angst in mein Herz, die sich erst lösten, wenn der Mut und der Wille zum Warten wieder erwacht waren.

Dann eines Tages, als ich wieder auf den

See hinunterblickte, sah ich einen jungen Menschen den Gebirgspfad heraufkommen. Das Gehen war ihm schwer, und seine Füße bluteten, denn er hatte seine Stiefel über die Achsel gehängt. Als er endlich auf dem Anger angelangt war, sah ich sein liebes, aber trauriges Gesicht und er sagte: ‹Endlich›.

‹Endlich›, dachte ich, ‹was meint er?›

‹Ja, endlich kann ich die Hütte, die du gebaut hast, zur meinigen machen.›

‹Zur deinigen?› fragte ich und war erstaunt, denn es war ja meine Hütte. Er aber sagte, daß er immer nach den Hütten suche, wo die Kinder, die nicht bei ihren Verwandten und Bekannten bleiben wollen, sondern ein anderes Schicksal suchen als das alte, aufgenommen werden können.

‹Willst du mich aber auch in der Hütte lassen?› fragte ich.

‹Ja sicher, du sollst der Hüter der Hütte sein. Wir wollen zusammen den Bund bereiten.›

Bei diesen Worten nahm er eine Wolke, die gerade vorüberzog, breitete sie um sich und verschwand darin. Ich hörte, wie er zu schluchzen anfing, und dann kam aus der

Stelle, wo sein Herz sein mußte, ein Leuchten, das immer stärker und schöner wurde. Dann verschwebte die Wolke, und er war wieder zu sehen. In seinen Händen hielt er ein Bild, das sah so aus wie er, und das gab er mir und sagte: ‹Hänge das Bild in der Hütte auf, es wird das Haus zu meiner Stätte machen.›

Das tat ich denn auch, und seither bereiten wir den Bund.»

Ich war erstaunt über diese Rede, wußte ich doch gar nicht, was damit anzufangen. Ich erinnerte mich wohl, daß die Gestalt des Kaspar Hauser immer meinem Herzen nahe gewesen war, und ich wußte, daß sein Wesen mit der Arbeit, die wir tun, tief verbunden ist.

«Ja, so ist es», sagte Sandy. Bei diesen Worten, gleichsam wie zu ihrer Bekräftigung, schob sich eine kleine Hand in die meine, und als ich an mir herunterblickte, sah ich einen kleinen Jungen neben mir stehen. Er hatte ein strahlend helles Gesicht, das zu mir aufsah, und dabei drückte er fest meine Hand.

«Ich bin auch hier», sagte er. «Es ist schön, ein Kind Kaspar Hausers zu sein.»

«Ja, Philip», sagte ich, «es ist schön, in der Hütte zu sein und den Bund zu bilden im Lande des Lebens und der Wahrheit.»

Philip lächelte leise, als ich diese Worte sprach, und ich freute mich in meinem Herzen, das Kind, das in der Niederung immer so traurig war und gelitten hatte, so glücklich zu sehen.

Dann trat ich, Philip an der Hand haltend, mit Sandy aus der Hütte. Ich sah die Kinder um Harald geschart, sie schauten zu ihm auf, und er erzählte ihnen etwas, das ich nicht hören konnte. Ich stellte mich dazu, indem ich unter die Gruppe der Kinder trat, aber immer noch waren meine Augen und Ohren befangen, und ich hörte wohl Klänge und Töne, aber Sinn und Bedeutung blieb mir verborgen. Da hob Harald die Hand und deutete nach Osten, und wie er deutete, tat sich der Wald auf, und ganz ferne (das war aber ganz nah) sah ich eine kleine Lichtung. Auf der Lichtung war eine Wiese, und auf der Wiese wuchsen Blumen, und im Gras und zwischen den Blumen lag ein kleines Kind. Mein Herz stockte, denn ich sah, daß es der kleine Harry war, und Harald nickte mit dem Kopf, als wenn er meine Gedanken bejahte, und sagte: «Ja, er bereitet sich wieder vor, in die Niederung zu gehen; er war nur wenige Tage, gerade eine kleine Weile, mit uns.»

Dann verschwand die Lichtung, der Wald schloß sich zu, und ich stand da, mit allen Kindern an meiner Seite, und die Tränen liefen mir aus den Augen, obwohl ich glücklich und zufrieden war.

«Ach», sagte ich, «ach, bereitet doch den Bund; denn jetzt weiß ich, was ihr tut. Ich kann es nicht beschreiben, aber ich spüre es so in meinem Gemüt, daß ihr ein Herz erschafft. Ein Herz, das seine Kraft durch die zehnfarbigen Fenster in die Niederung strömen läßt. Ein Herz, das Lebens- und Glaubensblut von oben nach unten und von unten nach oben fließen läßt.»

Und wie ich das sagte, da spürte ich mein Herz sich überschlagen, wie der kleine Hase es getan hatte auf dem Weg in das Land des Lebens und der Wahrheit. Es überschlug sich noch einmal und noch einmal, und dann fing es zu klopfen an und zu hämmern, und ich mußte mit meinen Händen an mein Herz greifen; und wie ich das tat, da schlug ich meine Augen auf. Es war hell um mich herum, und ich saß auf einem Hocker, und hinter mir und über mir war der große Christbaum, noch dunkel zwar, aber die Weihnachtszeichen waren daran und einige wenige Kerzen.

So will ich also die letzten Kerzen anstecken, dachte ich, und die Äpfel anhängen und die Dochte noch abbrennen, damit für heute abend alles bereit ist.

Und wie ich das tat, da fühlte ich, wie mein Herz warm wurde, und ein Strom von Glück und Seligkeit durchzog dieses Herz, nicht nur, weil es bald Weihnachtsabend sein würde, sondern weil ich nun endlich wußte, daß alle Kinder – die in der Niederung wie auch die in der Höhe – in den Händen dessen ruhen, der das Land des Lebens und der Wahrheit mit seinem Licht und mit seiner Liebe erfüllt.

Da hörte ich auch schon draußen Schritte und viele Stimmen. Dann wurde es feierlich leise, und die Stimmen fingen das Lied

«Stille Nacht, Heilige Nacht»

zu singen an, und mein Herz tat noch einmal einen kleinen Sprung und sagte:

«Ja, so sei es.»

Nachwort

Karl Königs «Weihnachtsgeschichte» Inneres Erlebnis einer Menschheitsaufgabe

An einem 11. März – im Jahre 1314 – wurde der Großmeister des Templerordens, Jakob von Molay, in Paris auf dem Scheiterhaufen verbrannt.

Was hat dieses Ereignis mit Karl Königs «Weihnachtsgeschichte» zu tun?

Am 11. März 1938 marschierten die Truppen der Nationalsozialisten in Wien ein und gaben damit dem Entschluß der kleinen Jugendgruppe um Karl König, eine gemeinsame Arbeit aufzubauen, die nötige Dringlichkeit. Ein zutiefst mitteleuropäischer Impuls führte sie am nördlichen Rande Europas, bei Aberdeen, bald wieder zusammen und veranlaßte sie, den Grundstein der Camphill-Bewegung zu legen.

Gemeinschaftsbildung aus den Quellen der Anthroposophie und ein neues Menschenbild – das wollten sie gegen den Ungeist der Zeit im praktischen Leben realisieren. Sie gingen in Wien auseinander, nur mit einem gegenseitigen Versprechen ausgerüstet, nicht wissend, wo sie sich wiederfinden würden. Dank der Hilfe Ita Wegmans konnten sie in Schottland ihre Arbeit beginnen. Und der Verleger McMillan vermittelte ihnen einen Landsitz namens «Camphill». Erst in späteren Jahren entdeckten sie, daß die Hügellandschaft, in der Camphill liegt, einst von Tempelrittern bewohnt und bewirtschaftet worden war.

Das ist die Landschaft der «Weihnachtsgeschichte», die am 23. Dezember 1946 begann, für Karl König zu einem inneren Erlebnis zu werden. Aufschreiben konnte er sie erst nach Weihnachten, und seiner Frau Tilla überreichte er sie am 11. März 1947.

Es ist die rauhe schottische Landschaft, in die sich der Wanderer am letzten Tag des Advent hineinbegibt. Die zehn Frauen, die das Kreuz tragen, sind zunächst grau. Erinnert das Bild vielleicht an die zehn Jungfrauen, das Bild aus dem Evangelium, das seit Beginn der Camphill-Arbeit bis heute im Mittelpunkt der inneren Beschäftigung während der Adventszeit steht? Es ist ein Bild dafür, was in der Entwicklung des Menschen notwendig ist, damit er den Christus in sich aufnehmen kann. Später in der Geschichte werden die Frauen in leuchtenden Farben erlebt; schließlich verwandeln sie sich in farbige Fenster. Die Fenster des Goetheanum – die ebenfalls die menschliche Entwicklung zum Höheren hin im Bilde zeigen – waren Karl König sehr wichtig; durch seine Anregung entstand für viele Menschen eine intensive Verbindung mit ihnen.

Fenster dieser Art – nicht aus einfachem Glas, welches das irdische Licht hereinstrahlen und beim Hinausschauen die Natur sichtbar werden läßt, sondern mit Farben und Formen künstlerisch gestaltet – lassen Motive der geistigen Welt in den

Raum hereinleuchten. Und wenn im Raum selbst etwas gestaltet wird und die Außenwelt dunkel wird, dann leuchtet das Entstehende in die Welt hinaus. Neue, geistgemäße Motive sollen in dem Raum des «Bundes» entstehen und in die dunkle, winterliche Welt der «Niederung» hinausstrahlen.

Der Bereich, in dem die Frauen zu Fenstern werden, ist nicht mehr die schottische Winterlandschaft. Nach «oben» ist der Erzähler gewandert und hat dabei beobachtet, wie die Gesetze der «Niederung» sich umkehren. Nicht kälter wird es auf dem Berg, sondern wärmer und grün: Gras ist gewachsen. Man wird an dic Speisung der Fünftausend (Joh. 6) erinnert: «Und Jesus ging auf einen Berg und setzte sich dort mit seinen Jüngern nieder. Das Passahfest, das Osterfest der Juden, stand nahe bevor ...» und an die fast beiläufig wirkende Bemerkung: «Es gab viel grünes Gras an jenem Ort.» – Es ist das Land der Auferstehungskräfte, das der Wanderer betritt. Er beginnt das Lied zu singen, das er auch in diesem Leben in der Niederung so gerne hatte und das den Höhepunkt von Gustav Mahlers Zweiter Symphonie, der Auferstehungssymphonie, bildet.

An der Schwelle zu diesem Auferstehungsland steht ein junger Mann, der als Lehrer in der Camphill-Schule gestorben war. In ihm und auch in allen Kindern, die in diesem Land angetroffen werden, begegnet der Erzähler den Menschen, die in den vorangegangenen Monaten die Todesschwelle überschritten hatten. Die kurzen Angaben zu ihren Lebens- und Todesumständen lassen sie erkennen; nur die Namen sind geändert worden. In diesem Land sind sie nicht mehr die Kinder, die sie waren: Ihre Behinderungen sind weggefallen, und sie wenden sich den großen Aufgaben zu, die für die Welt notwendig sind. Der Raum, den sie bauen, die Hütte, die sie bewohnen, steht unter dem Namen dessen, der das «Kind Europas» genannt und daran gehindert wurde, seine Schicksalsaufgabe zu ergreifen: Kaspar Hauser.

Nun erkennt der Wanderer die Landschaft seiner eigenen Kindheit wieder und stellt sich die Frage: Ist Österreich auch auferstanden? Ja, dasjenige, wozu sich die kleine Pioniergruppe in Camphill verpflichtet hat und was sie auf der Erde nur in bescheidenem Maße verwirklichen kann – es wird auf der anderen Seite der Schwelle ergänzt und weitergetragen. Und gerade die, die hier in der «Niederung» so wenig konnten, sind die Träger dieses Wirkens.

Ja, der Impuls Mitteleuropas kann auferstehen.

Die *innere* Landschaft der «Weihnachtsgeschichte» ist Mitteleuropa. Von dort hätten Impulse ausgehen müssen, um das Menschenbild und die sozialen Gestaltungsmöglichkeiten zu erneuern. Stattdessen wurde in der ersten Hälfte unseres Jahrhunderts die Welt zweimal zum Schlachtfeld, auf dem Millionen von Menschen den Tod fanden, auf dem aber auch Ideale, die im deutschen Idealismus gelebt hatten, in den Bereich der «bloßen Ideen» verbannt werden sollten.

Karl König hatte ein profundes Geschichtsbewußtsein, das dadurch, daß es sich mit Verantwortungsgefühl verband, zum «geschichtlichen Gewissen» (ein Ausdruck Rudolf Steiners) wurde. In seinen Bemühungen, die durch die Anthroposophie gepflegten Ideale durch den Krieg hindurchzuretten, und in der Hoffnung, sie bald wieder in das geographische Mitteleuropa zurücktragen zu können, knüpfte er an die Individualität *Kaspar Hausers* an. In Kaspar Hauser leuchtete der zweifache Impuls schon dadurch auf, daß er in den Herzen der Menschen Fragen wieder wachrüttelte, die im Materialismus des neunzehnten Jahrhunderts unterzugehen drohten: Was ist der Mensch? Woher kommt er? Wohin geht er? Was ist seine Aufgabe? – Gleichzeitig entstand die Frage nach seiner irdischen Abstammung, verbunden mit dem Erahnen einer großen Mission in bezug auf die sozialen Notwendigkeiten.

Wenn auch heute die Abstammung Kaspar Hausers bezweifelt wird – er hätte als badischer Thronfolger napoleonischer Herkunft eine besondere Stellung in der politischen Situation seiner Zeit eingenommen –, so gilt doch, daß er durch seine besonderen Gaben der Menschlichkeit immer weitere Kreise von Anerkennung und Wirkung zog. Hieß er nicht bereits «das Kind Europas»? Wäre er selbst das fehlende Verbindungsglied für die Realisierung von Zeitnotwendigkeiten gewesen?

Das Schicksal Karl Königs fügte es, daß er im Zuge der ab 1958 entstandenen Möglichkeiten der Camphill-Gründungen in Mitteleuropa zum Bodensee umzog. Dort konnte er seine Freundschaft mit dem Kaspar Hauser-Forscher Karl Heyer vertiefen, der in Kressbronn wohnte. Wie Heyer ging auch Karl König davon aus, daß Kaspar Hauser eine soziale Mission hatte, die, hätte sie verwirklicht werden können, Europa und die Welt grundlegend verändert hätte.

Andererseits wurde Kaspar Hauser gerade durch die Tatsache, daß er am Ausleben seines Schicksals gehindert wurde, wie zu einem Schutzpatron der Seelenpflege-bedürftigen Menschen. Das Schicksalsrätsel, das aus jedem Kind in der heilpädagogischen Arbeit spricht, sprach durch Kaspar Hauser für alle Zeitgenossen. «Aenigma sui temporis» («Rätsel seiner Zeit») heißt es in der Grabinschrift.

Karl König wollte, daß durch die sogenannten Behinderten das Rätsel Mensch deutlich würde. Nach einem Besuch in Ansbach auf den Spuren Kaspar Hausers schrieb er für die Weihnachtsausgabe 1961 des *Cresset*, der Zeitschrift der Camphill-Bewegung, «Die Geschichte von Kaspar Hauser». Der Schluß des Aufsatzes sei hier in Übersetzung angeführt:

> *Kaspar Hauser, der bestimmt war, in der Christianisierung Europas eine wesentliche Rolle zu spielen und der die menschliche Gesellschaft mit christlichen Ideen erfüllen sollte, wurde beseitigt. Seine Individualität wurde gefesselt und gemartert und so in ihrer Entfaltung gehindert. Als er schließlich etwas von seinem Ich wiedergefunden hatte, wurde er ermordet. Der 14. Dezember 1833 war einer der schwärzesten Tage in der modernen Geschichte ... Sein Wesen erzeugt Barmherzigkeit, sein Geschick Liebe und Mitleid. Wir sind tief bewegt, wenn wir die Geschichte seines Le-*

bens und Sterbens lesen. Aber seine Taten sind nicht heldenhaft, sie sind vielmehr Ausdruck eines Lebens völliger Ergebenheit und Demut. Seine Niederlage, nicht sein Sieg, ist unsterblich. Er trägt das Schicksal des Opfers, das er in Unschuld erbrachte ...

Wir erfahren das Wunder und die Würde unserer eigenen Kindheit, wenn wir von seinem Leben und Sterben lesen, und wir erinnern uns daran, daß wir nicht nur sterbliche Materie sind, sondern unsterblicher Teil der Schöpfung. Wenn wir das Schicksal Kaspar Hausers recht betrachten, so wissen wir, daß behinderte Kinder unser Herz in ähnlicher Weise anrühren. Auch sie erinnern uns an unser besseres Ich. Ihr Schutzpatron ist Kaspar Hauser, das Kind von Europa, der Bewahrer des «Ebenbildes Gottes».

Auch geschichtlich gesehen ist das Kaspar Hauser-Motiv mit der Entstehung der Heilpädagogik auf bemerkenswerte Weise verknüpft. In dem Sammelband *Aspekte der Heilpädagogik** beschrieb Karl König die Situation. Im Jahre 1799 erlebte Pestalozzi in Stans die Kinder, die durch die Kriegswirren der französischen Revolution und des napoleonischen Feldzuges in einem Zustand waren, «den die äußerste Zurücksetzung der Menschennatur allgemein zu ihrer notwendigen Folge haben muß». Gleichzeitig beschäftigte sich der französi-

* *Aspekte der Heilpädagogik.* Aus der Arbeit der Camphill-Bewegung. Herausgegeben von Carlo Pietzner. Verlag Freies Geistesleben, Stuttgart 1969.

sche Arzt Itard mit dem «wilden Kind von Aveyron» – ebenfalls eine Art Kaspar Hauser-Schicksal. Beeindruckt von dieser Erscheinung, eröffnete Itards Assistent, Emanuel Seguin, dann das erste heilpädagogische Heim. Das war im Jahre 1828, dem Erscheinungsjahr des mysteriösen Findlings Kaspar Hauser in Nürnberg.

Die beiden Rätselfragen, die das Schicksal Kaspar Hausers stellt – die des neuen Menschenverständnisses und die der sozialen Erneuerung –, sind es, die die Individualität Kaspar Hausers zu einem Leitstern der Camphill-Bewegung werden ließen. Dabei geht es nicht nur um den Symbolcharakter dieser Gestalt, sondern um die konkrete Hinwendung zu einem Schicksalsauftrag, den dieser nicht erfüllen durfte, der aber bewußt wieder aufgegriffen werden sollte. Es ist ein Impuls, der schon mit der Verbrennung der Tempelritter ausgelöscht werden sollte.

In der praktischen heilpädagogischen Arbeit – vor allem im Zusammenleben und -arbeiten mit Seelenpflege-bedürftigen Menschen – kann unmittelbar erlebt werden, wie uns eine neue Form des Gemeinschaftslebens, der sozialen Gestaltung abgefordert wird. Erst die «therapeutische Gemeinschaft» gibt die Grundlage, aus der heraus einzelne Maßnahmen fruchtbar ergriffen werden können. Ebenso unmittelbar kann aber auch erlebt werden, wie diese Menschen in vieler Beziehung Wegweiser sein können für eine neue Art des zwischenmenschlichen Miteinander. – Wiederum soll ein Wort Karl Königs diesen Prozeß verdeutlichen. In dem Brief an die Eltern anläßlich der Gründungsversammlung des Freundeskreises Camphill in Deutschland* schreibt er:

Was ich aussprechen wollte, wäre etwa das Folgende gewesen: Daß Sie, als Eltern, doch versuchen sollten, sich immer mehr und mehr mit unserer Arbeit, die wir hier tun, zu verbinden. Nicht nur, weil wir sie für Ihre Kinder tun, sondern weil sie überhaupt geschieht. Denn im Zusammensein mit behinderten, zurückgebliebenen und seelenpflegebedürftigen Menschen entsteht ein neues Gleichnis wahrhaftiger Menschlichkeit. Und es sind nicht die Lehrer, Pfleger, Helfer und Ärzte, die dieses neue Gleichnis schaffen; sie bemühen sich nur darum, es sichtbar zu machen, so daß es – mit Goethes Wort – ein offenbares Geheimnis wird. Wirklich aber schaffen es allein die Kinder,die Ihnen und uns anvertraut sind: Ihnen als Eltern, uns als Erziehern im weitesten Sinne.

Wir alle sollten immer mehr davon durchdrungen sein, daß diese Kinder unsere Lehrer sind; Lehrer in einem höheren Sinne. Denn sie haben ihr Schicksal – verkrümmt und verkrüppelt, verbildet und zurück zu sein – auf sich genommen. Sie klagen nicht und sind nicht mürrisch. Sie klagen auch nicht an und hadern nicht. Vielmehr

* «Brief an die Eltern der Camphill-Schulen und der Dorfgemeinschaft am Bodensee anläßlich der Begründung des Eltern- und Freundeskreises Camphill in Deutschland». Wieder abgedruckt in: Hans Müller-Wiedemann, *Karl König. Eine mitteleuropäische Biographie im 20. Jahrhundert.* Verlag Freies Geistesleben, Stuttgart 1992.

nehmen sie ihr Anders-Sein auf sich, mutig wie einer sein Kreuz auf die Schultern nimmt, und sagen restlos «Ja» dazu.

... Sie zeigen uns die andere Seite des Lebens, die ebenso notwendig und wichtig ist wie jene, in die wir tagtäglich verfallen sind. Auch darin sind uns unsere Kinder Lehrer. Sie helfen uns – durch ihren täglichen Anblick, durch ihre Not und Mühsal –, den Geistesfunken unserer Seelen wachzuhalten und das Öl in unseren Lampen nicht zu vergessen. Unsere Kinder sind nicht Krieger, sondern sanfte, aber stete Mahner in der großen Schlacht der Menschheitsgeschichte.

... Unsere Kinder sind nicht nur da, daß wir ihnen helfen, sondern sie sind da, damit uns durch sie geholfen wird.

Es ist ein gegenseitiges Geben und Nehmen; eine Kraft kann daraus entstehen, die heute so selten geworden ist, die wir alle zu verlieren scheinen und die doch so wichtig ist im menschlichen Zusammensein: Vertrauen.

Vertrauen in den anderen Menschen.
Vertrauen in die göttliche Welt.

Rudolf Steiner wurde einmal gefragt, was der heutigen Welt nottut. Er antwortete: «Aus seinem Vertrauen leben, ohne jede Daseinssicherung, aus dem Vertrauen in die immer gegenwärtige Hilfe der geistigen Welt.»

Das aber können wir täglich neu von unseren Kindern lernen, und wir wollen versuchen, es nicht mehr zu vergessen.

Schließlich sei noch auf einen damals aktuellen Hintergrund für die Entstehung der «Weihnachtsgeschichte» hingewiesen. In den ersten Jahren der heilpädagogischen Arbeit in Camphill gab es viele sehr schwer kranke Kinder. Die heutigen medizinischen Möglichkeiten fehlten noch, zudem war es ja die Zeit des zweiten Weltkrieges und der Nachkriegsjahre. Und so konnten viele dieser Kinder nicht am Leben erhalten werden.

Es ist leicht nachzuvollziehen, wie stark die kleine strebende und werdende Gemeinschaft durch die relativ häufigen Todesfälle ergriffen wurde. Man lebte sehr intensiv zusammen, dazu noch auf einer «Insel des Exils» in fremder Umgebung. Alle Gründungsmitglieder und zu der Zeit fast alle Mitarbeiter waren außerdem Deutschsprechende. Zu der intern entstehenden Betroffenheit, die nicht immer frei von Selbstvorwürfen und Zweifeln sein konnte, trat zeitweilig eine Stimmung des Mißtrauens im sozialen Umfeld auf. Die äußere Situation konnte bald aufgefangen und durch Kontakte das Vertrauen aufgebaut werden – doch mußte innerhalb der Gemeinschaft das Innere gestärkt werden. Im Umgang mit diesen Fragen entstand in Karl König das Erlebnis, das zur «Weihnachtsgeschichte» führte. Er überschrieb sie selbst:

«Auch *eine Weihnachtsgeschichte*».

Nicht nur in der damaligen Situation konnte die kleine Geschichte hilfreich sein. Seither haben sich ihr viele Menschen in den Camphill-Lebensgemeinschaften weltweit immer wieder zugewendet. Vor allem ist sie oft – als Teil der Feierlichkeiten, der Gedenkstunden nach dem Tod von Kindern – Hilfe und Trost für Betreuer, Lehrer und auch für Eltern und Verwandte geworden.

*

An dieser Stelle sei auf eine Textstelle der «Weihnachtsgeschichte» aufmerksam gemacht, die vom Vorlesenden oft in freier Weise umgestaltet wird. Es handelt sich um die Aussage, daß das verstorbene Kind sich nicht nach der Familie zurücksehnt, sondern Verbindung mit einer viel umfassenderen Gemeinschaft sucht (siehe S. 34). Es ist natürlich eine Taktfrage gegenüber der trauernden Familie, wie in der betreffenden Situation mit einer solchen Aussage umgegangen wird – ganz unabhängig davon, daß sie nach den Mitteilungen Rudolf Steiners den Tatsachen entspricht. Von Rudolf Steiner erfahren wir erstmals in der Menschheitsgeschichte Genaueres über die ganz neuen Aufgaben und die Entwicklungswege, welche auf die Seele warten, wenn sie den irdischen Leib abgelegt und die Todesschwelle überschritten hat. Insbesondere kann uns in diesem Zusammenhang eine Schilderung interessieren, die Rudolf Steiner während des ersten Weltkrieges gerade über die nachtodlichen Wege verstorbener Kinder gegeben hat.* Sie deutet an, um welche Dimensionen es dabei geht:

* Rudolf Steiner, Vortrag am 22. Oktober 1915; in *Die okkulte Bewegung im neunzehnten Jahrhundert und ihre Beziehung zur Weltkultur.* Gesamtausgabe Nr. 254, Rudolf Steiner Verlag, Dornach.

So kann man beobachten bei ganz früh verstorbenen Menschen, bei Menschen, die im zartesten Kindesalter gestorben sind, daß sie sich nach dem Tode sehr, sehr viel beschäftigen mit den Aufgaben, die die Menschheit hat unmittelbar in der Zeit, die nach diesen Toden folgt.

... Aber die Art, wie die Seelen hier leben, hat nichts zu tun mit der Art, wie sie drüben leben. Wenn ich auch als drei oder sechs Monate altes Kind sterbe, so kommen da die vielen ganzen Erdenleben in Betracht, und ich kann doch als sehr reife Seele in die geistige Welt eintreten. Es ist also total falsch, sich vorzustellen, daß das Kind als Kind fortlebt. Da findet man dann, daß solche Seelen, die früh im Kindesalter gestorben sind, Aufgaben bekommen, die zusammenhängen mit dem, was die Erde braucht, um den nötigen Geistesfond zu bekommen zum Weiterarbeiten. Ich möchte sagen, die Menschen können nicht arbeiten auf der Erde, ohne von den geistigen Welten Impulse zu bekommen. Die Impulse kommen aber nicht in einer solch verwaschenen Weise, wie es sich der Pantheismus vorstellt, sondern sie kommen von wirklichen Wesen, und unter diesen findet man auch die Seelen früh verstorbener Kinder.

So weist Karl König in künstlerisch-bildhafter und dennoch konkreter Weise auf einen Vorgang hin, der sonst unseren Vorstellungen nicht leicht zugänglich ist, den zu verstehen jedoch, vor allem in Situationen direkter Betroffenheit, von Belang sein kann.

Ein Weiteres sollte bei dieser Aussage in der «Weihnachtsgeschichte» berücksichtigt werden. Seit der frühen Pionierzeit in Camphill hat sich die Zusammenarbeit mit den Eltern grundlegend geändert. Schon der oben zitierte Brief Karl Königs zeugt von einer wachsenden Gemeinsamkeit, die heute wichtige, zukunftsweisende Formen angenommen hat. Vielleicht hätte diese Entwicklung, wenn sie damals abzusehen gewesen wäre, sogar einen Niederschlag in der «Weihnachtsgeschichte» gefunden. Es waren aber andere Zeiten und andere Verhältnisse. Heute müßte man die Elternschaft und darüber hinaus einen großen Kreis von Freunden in unmittelbarer Beziehung zum Gemeinschaftsbemühen sehen – und folglich in einem Verhältnis zu dem diese Gemeinschaft ergänzenden Reich der Verstorbenen. Oft entstanden gerade durch den Tod eines Kindes und durch die gemeinsame Betroffenheit und den gemeinsamen Umgang mit der Situation besondere und auch intensive Verbindungen zwischen Mitarbeitern und Eltern.

Solche Erfahrungen lassen immer wieder die hinter der «Weihnachtsgeschichte» liegenden tieferen Wahrheiten sowie ihre helfende, inspirierende Kraft erleben. Aus diesem Grund erscheint es heute angebracht, dieses sonst sehr intime und von Hand zu Hand – oder von Mund zu Ohr – weitergereichte Erlebnisbild einem weiteren Menschenkreis zugänglich zu machen.

So wird dieser kleine Text in der Hoffnung veröffentlicht, daß durch die Schlichtheit der Worte und inneren Bilder das Künstlerische so sprechen kann, daß die Realität des «Jenseitigen» Trost und Hilfe geben und immer mehr und immer konkreter in die irdische Wirklichkeit einbezogen werden kann – denn dies *ist* überall vonnöten.

Für die Anfänge der anthroposophischen Heilpädagogik hat die Zuversicht durch Rudolf Steiner zu dem Heiler- und Helferwillen der jungen Menschen gesprochen: Was mit dem Kinde gemacht wird, kann nicht nur am Jetzt-Erfolg gemessen werden; es strahlt und wirkt vielmehr weit über den Tod hinaus – Zukunft bauend.

Johanni 1998

Richard Steel
Camphill Schulgemeinschaft
Föhrenbühl

Karl König

Der Impuls der Dorfgemeinschaft

Menschenkundliche Grundlagen für das Zusammenleben von Erwachsenen mit und ohne Behinderung. Vorträge und Seminarbesprechungen. Herausgegeben von Hubert Zipperlen.
255 Seiten, Leinen mit Schutzumschlag

Die Vorträge und Seminarbesprechungen, die Karl König in den Jahren 1962, 1963 und 1964 für die Mitarbeiter der jung gegründeten Camphill-Dorfgemeinschaft in Großbritannien hielt, haben sich als fortdauernde Quelle der Inspiration für die in der Camphill-Bewegung tätigen Menschen erwiesen. Zwar entstanden die neuen sozialen Formen innerhalb der Dorfgemeinschaften als spezifische Antworten auf die Bedürfnisse der in ihnen betreuten und lebenden behinderten Erwachsenen, doch die spätere Entwicklung hat gezeigt, daß sie auch für die weitere Gesellschaft von Bedeutung sind. Drückt sich in ihnen doch die Suche und Ausarbeitung eines spirituellen Verständnisses des Menschen aus, das zu einer Vertiefung und Belebung seines Zusammenhanges mit der Erde, dem Kosmos und den anderen Menschen führt.

Verlag Freies Geistesleben

Hans Müller-Wiedemann

Karl König

Eine mitteleuropäische Biographie im 20. Jahrhundert
543 Seiten, Leinen

Die Biographie von Hans Müller-Wiedemann bietet erstmals einen umfassenden Einblick in das bewegte Leben Karl Königs.

Als Sohn jüdischer Eltern wächst Karl König in Wien auf und entscheidet sich schon früh für den Weg des Arztes und Naturwissenschaftlers. Er begegnet der Geisteswissenschaft Rudolf Steiners, und nach ersten Erfahrungen als Arzt in einem Heim in Schlesien kehrt er zurück nach Wien, wo er sich mit einer Gruppe von jungen Menschen immer tiefer in die Geisteswissenschaft einarbeitet. Die Tätigkeit als Arzt allein befriedigt König jedoch nicht. Es reift schließlich der Entschluß, eine therapeutische Lebensgemeinschaft aus spirituellen Impulsen zu begründen.

Die Naziherrschaft drängt König und seine zum großen Teil jüdischen Freunde zur Flucht ins Ausland, zunächst ohne festes Ziel, nur mit dem Willen, eine neue christliche Gemeinschaftsform zu begründen. Unter erheblichen äußeren Schwierigkeiten entsteht in Schottland Anfang der 40er Jahre schließlich die Keimzelle zu der heute über die ganze Welt verbreiteten Camphill-Bewegung mit ihrer spezifischen Form des Zusammenlebens und -arbeitens.

Verlag Freies Geistesleben